Géza Szőcs
LACHT, WIE IHR ES VERSTEHT

Klimakatastrophe
und Du?!

kohle + Öl töten!

W♡

5.5.25

Géza Szőcs

LACHT, WIE IHR ES VERSTEHT

Gedichte

Herausgegeben
und aus dem Ungarischen übertragen
von Hans-Henning Paetzke

Frankfurter Verlagsanstalt

Deutsche Erstausgabe
1. Auflage 1999
© der deutschen Ausgabe
Frankfurter Verlagsanstalt GmbH, Frankfurt am Main 1999
Alle Rechte vorbehalten
Schutzumschlag- und Einbandgestaltung: Bertsch & Holst
Herstellung: Katja Holst
Satz: Reinhard Amann, Aichstetten
Druck und Bindung: Clausen & Bosse, Leck
Printed in Germany
ISBN 3-627-00018-8

INHALTSVERZEICHNIS

Stimmengewirr im Stethoskop

Lacht, wie ihr es versteht!

VORWORT

Wie ein zerstreuter Bumerangwerfer, dem es entfallen ist,
daß er seine einzige Waffe in Richtung Beute geschleudert
hat, und der plötzlich merkt, daß er selbst zum Ziel von
Bumerang und Beutetier geworden ist – so in etwa war das
Verhältnis von Géza Szőcs während der Ceauşescu-Diktatur
in Rumänien zu seiner eigenen Dichtung.

Abends schrieb er ein Sonett, ließ das Manuskript aus
dem Fenster fliegen, und tags darauf kehrte das Gedicht
zurück, wie ein Wirbelwind, begleitet von fünf Polizisten,
die seine Wohnung auf den Kopf stellten auf der Suche nach
der Schreibmaschine des Dichters – damals eine Waffe,
gefährlicher als eine Kalaschnikow.

Als wir uns im Bukarest der 80er Jahre zum ersten Mal
begegneten, wurde Géza schon von der Securitate gejagt.
Ich erinnere mich an dieses seltsame Gefühl von lächerlicher
Bedeutsamkeit, angesichts der Meute von Geheimpolizisten,
die uns mit ihren Walkie-talkies überallhin folgte und so
taten, als hätten sie gerade zwei ausländische Agenten in
flagranti ertappt.

Schließlich hat Géza Szőcs zugeben müssen, daß ihm
„eine verdächtige Himbeere wächst auf der Brust und durch
den weißen Hanf dringt." Deshalb mußte er ins Exil mit
einem Sack voller Manuskripte. Über die Grenze halfen ihm
damals nicht etwa die Kollegen Literaten – Hilfe kam von
einem rothäutigen Schmugglerführer aus Amerika.

Und was Géza Szőcs dem Westen zu verkaufen hatte,
war nicht etwa das Geheimnis der rumänischen Atombombe,
sondern eine viel verdächtigere Schmuggelware: das

Geheimnis, einfach die Wahrheit zu sagen – in einer Welt, wo das Aussprechen von Wahrheit ein Delikt war, das per Gesetz bestraft wurde.

Schließlich ist Géza, dem Bumerangprinzip folgend, in sein Land zurückgekehrt. Freund und Feind verwirrend, ließ er sich weder einordnen noch an den Nagel hängen wie eine abgehalfterte Waffe ins verstaubte Museum osteuropäischer Exdissidenten.

Eigentlich ist dieses Gedichtbuch die Geschichte des Langzeitbumerangs.

Mircea Dinescu, Bukarest im Juni 1999
Aus dem Rumänischen von Klaus Hensel

DER ATEM EINE ERUPTION

Die tiefen Schichten
(Aussichtsturm unter der Erde)

Mir Flügel und Spaten lassend
hat jemand nachts im Garten gewühlt.
Die Aussicht, gekippt und geschlitzt,
unterirdisch vom Regen umspült.

Und das verlorene
Engelskelett
phosphoresziert
im Grundwasserbett!

In seinem Spiegel sieht er sich selbst,
Schnee ist des Regens Maskerade,
Aus den Zähnen des vergrabenen Gottes
sprießen immerzu Blumen am Pfade.

(Du weißt, meine Liebe, ich habe jene fixe Idee

wie ich Dir gegenüber gelegentlich schon erwähnte, von Zeit zu Zeit ist jemand anwesend in meinem Bewußtsein – ich könnte nicht sagen, daß ich ihn träume, denn dieses Gefühl überkommt mich in den Monaten totalen Wach- und Nüchternseins –, jemand ist anwesend in mir, ein Fremder; doch Du solltest nicht sofort an Bewußtseinsspaltung denken; lediglich das Gefühl drängt sich mir auf, daß meine Persönlichkeit mit einemmal von etwas überdeckt wird: Plötzlich erhalte ich Kenntnis von jemandem, der ebenfalls ich wäre.

Als würde jemand in einigen Jahrzehnten in einem nicht zu erkennenden oder fast-nicht-zu-erkennenden, merkwürdigen Klausenburg mein Leben leben. Das ist die reine Wahrheit, du magst das für Seelenwanderungswahn halten, für Blödsinn oder was auch immer; versteh mich recht: Der Betreffende ist nicht wie ich, sondern ich bin es selbst. Er ist jetzt jünger als ich, etwa ein- oder zweiundzwanzig, und unser Leben ist irgendwie miteinander verknüpft: Was ich im Leben an Schmerz verursacht habe und noch immer verursache, all das – als würde es jemand wägen und ihm zuteilen – hat er zu erleiden; was ich in der Welt falsch mache, muß er korrigieren und wiedergutmachen. Es könnte also den Eindruck erwecken, daß er von uns beiden es schwerer hat. Indes, auch einen Riesenvorteil mir gegenüber hat er: Gegeben ist ihm die Möglichkeit, sich anders zu entscheiden, unser Leben nämlich stimmt in den Schlüsselmomenten überein. Er hat es in der Hand – ich werde es, dereinst, in der Hand haben –, jene Verhältnisse nicht zu akzeptieren, die ich jetzt, im nachhinein, ebenfalls nicht akzeptieren würde.

Einige Jahre bin ich ihm voraus, und so kann er sich immer ein Bild davon machen, was seine Entscheidungen nach sich ziehen. Mit anderen Worten, er ist sozusagen nichts anderes als eine gültige Antwort auf die Frage: „Was würde ich wohl tun, wenn ich es noch einmal tun könnte?"

Meine Liebe, auch Du wirst in seinem Leben anwesend sein. Manchmal kann ich einen Blick in seine sonderbare und unwirkliche Welt werfen; es ist, als würden sich einige Türen öffnen und ich könnte mich dann umsehen. Welch Entsetzen packte mich, als ich Dich, in seinem Leben, zu sehen bekam! Noch kennt er Dich nicht. Doch bald werdet Ihr Euch begegnen. Und dann? Wie wird er sich wohl entscheiden?)

Dein Schirm, er beschützt dich vor nichts

Dein Schirm beschützt dich vor nichts.
Schützen könnt' er dich, glaubst du!
Eine Maus brummt im Gestrüpp,
muht dir ins Ohr wie 'ne Kuh.

Dein Schirm, er schützt dich vor keinem.
In deiner Brust das Wasserland,
kühlt ab, erwärmt sich rasant
im Busch, da wacht ein Ungetüm:

Die Kohle wächst,
                    Wasserstoff lechzt,
Schnabel, Flügel,
                    Klabautermann,
Nabel, Braut,
          der Bräutigam.

IM HERZEN DER BÄUME STEHST DU DA:

Unter Wasser schüttelt sie sich,
geht auf und ab, die Meerjungfrau,

im Wasserfall der Zeit
dieses Tier, wehrlos, wild und munter,

zum Trocknen hängt der nasse Rock
im gischtig schäumenden Wasserland,

und andauernd verfolgen sich
zwischen den Bäumen die Bären –

dein Schirm, er beschützt dich vor nichts,
du glaubtest nur, er könnt' sich bewähren.

Die Schiffsschraube

Ich weiß nicht so recht, was du anfangen würdest damit, wenn du eine Schiffsschraube bekämst von mir. Sagen wir, in Schulden würde ich mich stürzen, all meine Habe versteigern, bis es mir gelänge, den Propeller eines sturmgepeitschten Ozeandampfers zu erstehen. Wenn die Transportarbeiter die riesige und typisch nach Schiffsschraube riechende Schiffsschraube vor euerm Haus absetzten und bei euch klingelten, an dem Tag würde ich irgendwo in der Nähe lauern und dein Gesicht beobachten.

Freuen müßte sie sich über eine Schiffsschraube, so eine Frau suche ich.

Das große Marinetti-Auto

Sieh hinaus, dort vor dem Tor, abgedeckt mit einer roten
Plane, steht das Auto, die Motorhaube geschmückt mit
schlangenförmigen dicken Rohren, der Atem eine Eruption,
ein heulendes Auto – es saust wie eine Kartätsche und ist
schöner als die Figur der Nike von Samothrake, die als
Lenkrad gedachte Stange umspannt den Planeten –, auf der
irdischen Bahn im rasanten Galopp seine Kreise ziehend. In
diesem Auto werde ich mit dir auf Reisen gehen.

*

Zieh deinen Mantel an, es geht los.
Sieh hinaus, dort vor dem Tor, abgedeckt mit einer roten
Plane, steht das Auto, die Motorhaube geschmückt mit
schlangenförmigen dicken Rohren, der Atem eine Eruption,
ein heulendes Auto – es saust wie eine Kartätsche und ist
schöner als die Figur der Nike von Samothrake, die als
Lenkrad gedachte Stange umspannt den Planeten –, auf der
irdischen Bahn im rasanten Galopp seine Kreise ziehend, in
dem ich mit dir auf die Reise gehen werde.

*

Meine Liebe, meine Liebe! Blick nicht zurück. Wende dich
ab, sieh nicht unter die Plane, damit du nicht gewahrst, was
geblieben ist, o je, von dem Auto, geschmückt mit schlangen-
förmigen Rohren, der Atem eine Eruption, von dem heulen-
den Auto, das sauste wie eine Kartätsche und schöner war als

die Figur der Nike von Samothrake, dessen als Lenkrad gedachte Stange den Planeten umspannte, auf der irdischen Bahn im rasanten Galopp seine Kreise ziehend und in dem ich mit dir dereinst auf die Reise gehen wollte.

Wo mag der höchste Baum des Erdteils sein?

Dereinst wird dir jemand eine Depesche schicken,
und dann wirst du Hinz und Kunz danach fragen,
von wem die wohl stammen mag, wer dich wohl
so vermißt: Hast du sie geschickt? Oder etwa nicht?

Aus dem sich öffnenden Fenster des Schreibens
glüht mich ein grünes Augenpaar an:
Wer sieht mich an? Im dichten irdischen Licht
sein struppiges hochrotes Gesicht badend,
wer ruft nach mir? Was für ein Mann, was für ein Fuchs:

Suchen sollten wir Europas höchsten Baum,
den höchsten Baum des Kontinents.

ZURÜCK BLEIBT DIE SAAT DES JAMMERS

Von den verborgenen Mächten

Rolf Bossert: Aus meinem Leben

24. september 1977

ich bin verheiratet und habe zwei kinder meine frau lehrt
deutsch als fremdsprache ich auch wir bewohnen zwei
zimmer einer dreizimmerwohnung das kleine zimmer ist
sieben komma siebenundachtzig quadratmeter groß das
große zimmer ist neun komma achtundachtzig quadrat-
meter groß das größte zimmer der wohnung ist vierzehn
komma neunundsechzig quadratmeter groß wir wohnen
nicht darin es ist abgesperrt meist steht es leer aber im
winter wohnt ein altes ehepaar in dem zimmer so sparen
die leute holz bei sich zu hause auf dem dorf oft kommen
an wochenenden unbekannte familien mit kindern die
höhenluft tut den kleinen gut die dreizimmerwohnung
liegt im schönen luftkurort bușteni küche badezimmer
und klo werden von vielen personen benutzt nur der
balkon liegt auf der sonnenseite er gehört zum dritten
zimmer ich darf ihn nicht betreten
ich habe ans wohnungsamt geschrieben
an den volksrat
an die zeitung
vorgesprochen bei vielen genossen
nun schreibe ich ein gedicht
unbegrenzt mein vertrauen in die macht
der poesie

21. dezember 1977

dieser text ist unveröffentlicht gestern bekamen die alten
zwei zimmer in einer villa wir bekamen den schlüssel
zum dritten zimmer womit bewiesen ist daß auch unver-
öffentlichte gedichte die realität aus der sie schöpfen
verändern können ich werde noch weitere gedichte schreiben

*

Rolf, wer schreibt wohl ein Gedicht
über jenen Abend, an dem du durch das Fenster gestürzt,
unbegreiflich und schwergewichtig gleich Büffeln, von
denen man zu meinen versucht ist, sie seien unverwundbar,
nicht einmal in der Schlucht könnten sie zerschellen oder
auf dem Pflaster einer Frankfurter Straße;

wessen Hand mochte auf dem Papier deinen Tod entworfen
haben,
Rolf,
welche Vision zeichnete im vorhinein den in Absturz über-
gehenden Bogen deines Schicksals? Wer hatte derartiges
Vertrauen, in wessen Macht?! Was für ein Gedicht oder
Drehbuch, was für eine Rollenverteilung mochte dies
gewesen sein, die dich plötzlich emporgehoben hat in die
Höhe der Fensteröffnung, und dort über der Straße fandst
du dich wieder, vom Entsetzen ergriffen, einsam, ohne
Double, Helm und Bandagen?!

Auch ich habe Vertrauen in die Macht der Poesie.
Gleichförmig mit den Armen rudernd, den Oberkörper
vom Asphalt leicht aufgerichtet, schwimmt der herab-
gestürzte Dichter die Kiefernstraße entlang, stetig kleiner
werdend, auch seine gelben Schuhe blinken aus dem Asphalt
hervor, während er schwimmt, bis ihn schließlich die Ferne
oder die Erde selbst verschlingt.
Nachts auf den Feldern hörst du manchmal sein Schnauben,
wie er sich mühsam erhebt und die Erdschollen von sich
abschüttelt.

Schwimmen wird er, bis daß er findet die Büffelherde.

Kasernen des Schüttelfrosts

Sie stoßen dich in den Autobus der Freiheit. Es ließe sich
nicht behaupten, du reistest allein. Sie rempeln dich an. Sie
prügeln dich. In deiner Kapuze aus Gänsehaut klebst du am
Fenster. Nase und Mund plattgedrückt an der
Scheibe.
Die aussetzende und zuckende Rede des stotternden Motors;
Aussage, lauter Bluterguß und Aussage. Du ringst um Atem.
Sie treten dich, in deiner Hand ein zerquetschter
Grillenleib,
ihn hältst du ängstlich fest, an den Füßen Strümpfe aus
rohem Fleisch. Zurück bleiben Äcker, zurück bleibt die Saat
des Jammers. Oder des Roggens? Und der Autobus
verlangsamt
die Fahrt. In der Hand preßt du die Grille. Weh dir, schon
tauchen sie auf. Die Kasernen. Die Kasernen.

Der Dornbusch
Miniatur

Du sitzt im Vernehmungsraum.
　　Eintritt der Vernehmer.
An den Füßen Vernehmerschuhe. Im Mund
　　　　　　　　　　　　Vernehmerzähne.
　　Auf dem Antlitz Vernehmerlächeln.
Verteidige dich nicht. Und werde nicht rot.
Ergreife nicht das Wort. Sprich kein einziges Wort.

„Na, wo ist das Kopiergerät?
Gleich wirst du singen ...
　　Wer ist Vitorla ...,
　　　　wer ist Joe Segel?
Wo ist der Koffer?? Und die Handgranate!"
„Im Busch ..."
„Was ist dort?"
„Ein Bärenjunges ..."
„WAS?!"
„Es zaust den HERRN beim Bart!"

Kompromittierung

Géza Szőcs habe ich schon immer hoch geschätzt. Obwohl
wesentlich jünger als ich, galten wir als enge Freunde.
In jenen schweren Zeiten – und heute kann ich schon in
aller Bescheidenheit hinzufügen, daß dies anno dazumal
nicht ganz ohne Risiko war – ließen wir IHM beachtliche
Unterstützung zuteil werden. Dies bedeutete vor allem
einen moralischen Halt, das heißt, wir ergriffen Partei
für ihn. Wir können sagen, auch wir vertraten, was er
vertrat – und umgekehrt, auch er kämpfte für dasselbe,
wofür wir kämpften.

Erinnerungen von tadellos frisierten Klausenburger
Literaten, nach fünfundzwanzig Jahren

Zu meinem Geburtstag

Für K. F.

Auch ich bin heut' zweiunddreißig.

Und wieviel Jahre werden's noch sein?
Ins Dickicht der schwarzen Nacht
taucht die Ungewißheit ein.

Gott existiert zwischen Sein und Nichtsein,
und auch im Gummi zeigt er sich.
Es wirbelt der Gummiknüppel,
erinnert sich im Traum an mich:

Friedlich schläft der Gummiknüppel
und auch das gesellschaftliche Bewußtsein:
weiter spaltet es heute sich nicht mehr.

In makellosen Reimen schillert
die Himmelspracht der schönen Jugend,
verbirgt sich tief im schwarzen Schweigen
die Sonnenfinsternis der Tugend.

In deinen Augen, mein Lieber, wächst Moos,
schon senkt sich Schatten auf sie:
in deinem Blick das Gras der Angst
und deren Geometrie.

Mit einem Schirm aus Dunkelheit
berührt die Sonnenfinsternis die Erde.
Doch im Buch der Geometrie
                              erwacht
eines andern Raumes Sphäre:
die Perspektive der Freiheit,
die Geometrie der Wahrheit,
wo es keine Blutzeugen gibt
und der Frühling Knospen treibt.

Vor sieben Jahren sprach ich so:
  KEIN BULLE SOLL MEINE BRIEFE ZENSIEREN
  UND DIE MAUER SICH NICHT ALLZU MASSIV
                              KONSERVIEREN
  AUFTUN SOLL SICH ZWISCHEN DEN DINGEN EIN
                              SPALT
  DURCH DEN SICH HÄNDE ZWÄNGEN UND
                              MESSER EISKALT

Und so vor fünf bis sechs Jahren
ereilte mich nicht der Tod
auf dem Schlachtfeld der Ehre
färbte nicht das Blut meiner Jugend die Erde rot
doch die mich damals liebten
lieben mich seither
schon lange nicht mehr

und Bullen meine Briefe zensieren
die Mauer will sich allzu massiv konservieren
und zwischen den Dingen kein einziger Spalt
durch den sich Hände zwängen und Messer eiskalt

doch einmal wird es sein
wird stürzen die Mauer
Stein für Stein
und finden wird man dort
ein Fernrohr
und ein eng beschriebenes
Formular an jenem Ort:

FORMULAR
Nationalität:
    Tschango-ägyptisch
    und teils wolgadeutsch.
    Meine Mutter war Koptin,
    Mein Vater Tschango.

Wohin wollen Sie auswandern:
    Ich würde sagen, wenn ich hier von einem Gemeinplatz
    Gebrauch machen darf, sagen wir, wohin die Zukunft
    mich treibt;
    oder leben in der Vergangenheit;
        und wenn es möglich wäre,
        auch in der Gegenwart.
    Doch es zählt nicht, *wann* und *wo* und *wie lange*,
    sondern ...

Was haben Sie GEGEN UNS begangen:
    Mit Orwell gesprochen: Ein Gedankenverbrechen.

Staatsbürgerschaft:
>
> Heimat war mir mein Leben ...
> Land in der Höhe
> >   und in der Tiefe,
> Grammatik von freiheitlichem Streben,
> Atmosphäre der Freiheit!
>
> An Schlaflosigkeit leidet,
> wer solche Luft einatmet,
>
> und findet keine Ruhe,
> lebt trotz Übernächtigung,
> übt sich im Schießen
> und lernt grammatische Sprachregelung
>
> oder erforscht das Firmament
> den gigantischen Sternen-Satz,
> der, aus dem Schatten sich lösend,
> dereinst, das spürt er, aufgehen wird.
>
> An diejenigen
> wendet er sich,
> die hoffen und glauben
> an das Gewicht
> des Gedichts.

21. August 1985

Klausenburger Schrecken

In einer Novembernacht war es, als ich, aus Angst vor einer
Haussuchung, ein Tonband in den Fluß warf. Mit deiner
                                                    Stimme;
du weißt schon, welches.
Das.

Später dann, eine lange Zeit noch, sooft ich über die
Szamosbrücke ging, hörte ich immer dich aus dem Wasser.

(Diesen Brief werde ich Dir 1979 schreiben:

„Zu jener Zeit, als ich Arbeiter war, überquerte ich Tag für
Tag die Fußgängerbrücke – Rollbrücke – über der Bahn-
station, doch es kam auch vor, daß ich zwischen den Gleisen,
durch die abgestellten Eisenbahnwaggons kletternd, auf die
andere Seite gelangte, mir auf den Fersen das gereizte
Pfeifen der hastenden Bahn- und Weichenwärter: laute
Leuchtpatronen an meinen Ohren.

Einmal, Ende, jedenfalls nicht viel später als Mitte
Oktober, lief zwischen den weißen Dampffallschirmen, von
den Dampflokomotiven (als rußige, schwarze, kontinentale
Walrosse) in die Höhe geschleudert, und den matten,
tiefblauen Pinseln der Weichenleuchten ein Zug ein. Im Tal,
in dem unsere Stadt liegt, war es in jenen Tagen ungewöhn-
lich warm, einige Bäume blühten erneut, und die Menschen
sonnten sich, wann immer sie konnten. Der Zug jedoch, ich
weiß nicht, von wo er gekommen war, die Wagendächer
schneebedeckt, aus großer Höhe offensichtlich hatte er sich
hinab in die Niederungen begeben. Und zwischen den
Schienen sah ich, dort an dem einen Zugfenster, einen
Jungen und ein Mädchen sich gegenüberstehen, wortlos
blickten sie sich an. Ich indes war sehr überrascht, denn der
Junge glich mir, das Mädchen allerdings war mir unbekannt.

Nicht lange danach allerdings lernte ich jenes Mädchen
kennen, und das warst Du. Doch auch heute weiß ich nicht,
ob die beiden dort nicht Ebenbilder von uns gewesen sind.
Oder sollte ich 1979 im Zug uns selbst gesehen haben?“
Mein Stil verändert sich nicht sonderlich. Oder?

38

Jeden Nachmittag, Tag für Tag, übe ich mich im Zielschei-
benschießen: Vorbereitung auf das Duell. Ich denke viel
an Dich. Ich weiß, Du hältst dieses Duell für Wahnsinn.
Denn es ist so, als würde ich einen hundertköpfigen Drachen
herausfordern. Ich bin allein, sozusagen unbewaffnet.
Und sie?

Viele sind sie, stark, verfügen über viele Waffen, kennen
keine Hemmungen, sind kaltschnäuzig, anmaßend und
boshaft, und die Zeit arbeitet für sie.

Daß ich sie herausgefordert habe, hat absolut keinen
Sinn. Und trotzdem: Das fordert die . . .

Das Wort zu schreiben fällt mir dennoch nicht ein.

Auch Pufi Leőchey meint, was dieses Wort zu bedeuten
habe, sei nur ein Witz. Doch unabhängig davon hat gestern
auch Pufi einem tschechischen Oberleutnant eine geknallt.)

Lied von der Haussuchung

Chanson in Bereményi-Cseh-Manier

Wir waren nicht im Freilichtkino,
und der Sommer ist vorbei.

In Freundschaft für Familie Kertész

Jemand hat geklingelt: Wer könnte das wohl sein?
Hier ist die Polizei, zieht euch an, und macht euch fein!

Lóri sagte dies, die Sorge kaum verborgen.
Im November war es, an einem Sonntagmorgen.

Ein Hemd bitte, und das Taschentuch nicht vergessen!
Mama, heute werde ich nicht zu Hause essen.
Gedränge vor dem Fenster, ein Volksauflauf
Wir verschwinden gerad',
Ihr Nachbarn, kommt doch herauf.
Wir wünschen einen schönen guten Tag.
Den Gashahn, Herr Major, sonst gibt es einen Schlag.

Vorbei der Sommer, und wir waren nicht im Freilichtkino.

Ein kleiner Schauer, na und, was macht das schon.
Vorbei der Sommer, und es blüht nicht mehr der Mohn.

Vision

Ribbentrop kippt einen Cocktail
und Molotow trabt davon.

DU BIST DIE SEE, DIE SEELE

Denn von wo ich fortwährend vernehme

In einem Hotel in Mexiko,
weißt du noch? Dort fand ich dich;
da wohntest du, stecktest in grünen Schuhn
wie Hexen im allgemeinen so.

Und zu hören war aus dem Gemach
ein Rauschen, ein Schwirren, ein Wirbeln,
wie du aus dem Rock geschlüpft oder
der Jacke aus Haifischhaut hernach!

Ich sah mich um, da hab' ich dich entdeckt,
kaum ließen dir die Flügel Platz,
in jenem mexikanischen Bett.

Ich schloß die Tür, stellte mich quer,
nagelte Fenster mit Brettern zu,
irgendwie flogst du dennoch davon,
am Morgen warst du nirgendwo mehr.

Und auch seither horch' ich, steh' auf Wacht,
wandle umher und suche dich,
beobachte, von wo zu vernehmen
fortwährend Flügelschlag aus der Nacht,
und dein Lachen und dein Weinen.

Morgendämmerung unter Wasser

Ich liebe dich, mon amour,
du bist die See, die Seele,

am Meeresstrand bist du der Wind,
zwischen Steinmauern unter Wasser
Straßen, Pfade und Wege,

du bist mein Augenlicht im Meer,
du bist mein lockiges Haar von Meer,
Mauer bist du und Fenster im Wall,
Fenster bist du und Vorhang am Fenster,
Vorhang bist du und Schrift auf dem Vorhang,

doch scher dich nicht zu sehr um mich,
ich sinniere nur so vor mich hin,
nur eben bei mir sage ich was,
das ist nur leeres Gerede,

Meeresauge bist du, Fenster,
du bist die See, die Seele.

Und auch alle Jahreszeiten,
you are the sea, the season.

*

Aus grünem Meereswasser
steigt auf die Maid, die Sonne.
Erwacht in meinen Fingerspitzen
                und wacht auf erneut,
wieder und wieder beschwört dich
die Erinnerung und die Hand –

Hämmern in meinen Fingern:
Dein Antlitz, es kehrt zurück,
es wird hell, und es dunkelt
mon amour, *du*,
                mon amour
es vergißt
                und beschwört dich erneut
Finger, Worte, Wasser,
                        die Hand,
Tag für Tag geht so zu Ende,
ich liebe dich
                ich liebe dich,
kümmre dich nicht,
kümmre dich um nichts,

auch das Meer ist ohne Kleider,
nackt sinkt es in den Schlaf,

und alle Jahreszeiten,
tu es le mur, la mer,
Wassergelächter, das bist du,

la sœur des sorcières.
Aus dem Meer steigt auf die Sonne.
So lebst du, ohne Argwohn,
nicht ahnend, geschrieben steht:
tu es la mer,
            l'amour.

Wintersonett. Der mit Glasohren Ankommende

Seit vielen Tagen habe ich dich nicht gesehen.
Meine Glasohren sind seither gewachsen!

Während der Zug mich durchrüttelt,
wie das Kind die Stoffpuppe, die da leidet,
werden andere vom Schicksal geschlagen,
so ist es kein Zufall, daß man mich beneidet.

Und was treibt sie derweil? Es fröstelt sie,
in dieser klirrenden Kälte friert sie bestimmt,
in der die Eichenschmetterlingslarven,
vor Todesangst zitternd, ritsch, ratsch aufgeplatzt sind;

sie verbringt ihre Tage mit Schauspielerei,
kämmt das Haar, schminkt und begutachtet sich
vor dem Spiegel; nicht lange danach
geht der Tag zu Ende, und sie schläft endlich.

*

Glaszunge scheppert in meinem Mund, ich werde alt.
Ich komme an, Glasohren, grüne Glasaugen; es ist kalt.

Gedicht von den unendlichen Programmen

> *„Was der kleine Computer mit Hilfe*
> *des großen Programms zu lösen*
> *imstande ist, das kann auch der große*
> *Computer mit dem kleinen Programm*
> *tun. Daraus folgt logisch, das unendlich*
> *große Programm kann auch von selbst*
> *funktionieren, ohne alle möglichen*
> *Computer."* (Stanisław Lem)

Unter unserer Liebe ist eine andere,
unter dem Programm:
                    ein anderes Programm,
in den Ungeheuern lebt ein anderes Ungeheuer,
unter dem Recht ist ein tieferes Recht –

Höhlenfluß, in den Sternen
unser Leben durchleuchtend:

Unter unserer Liebe ist eine andere.

Lebendiger, finsterer, feuchter.
Pulsiert, entgleitet der Hand
und strampelt des Nachts
die Decke von sich, wie ein kleines Kind.
                                    Wirft sie von sich.

Dereinst wirst auch du kosten
vom tieferen, im Wein schwimmenden Wein.

AUCH UNTER DIESEM GEDICHT IST EIN ANDERES

und aufgehen, zusammen mit mir,
in unendlich großen Programmen.

Der Dämon

Unter deinem Fenster in Hemdsärmeln, die Geige in der
                                                                        Hand,
wacht ein Erdbeben-Kerl, eine Armbanduhr aus Gras, ein
                                                        schnaufendes gelbes Tier,
in seinem doppelten Wachhund-Herzen mit Samtenem,
                                                        langsam und flüssig.

Und sein Messer fortwährend an die Kehle des Dämons
                                                haltend liest und liest er
die kühlen Fußspuren der schlafenden Sterne am Strand.

Und mit den Fingerkuppen betastet er die weichen Schnallen
                                                deines Herzschlags, und im
Weggehen
– als in Panik der Morgen graut, mit einem Hanfstrick –
schreibt er mit gelber Kreide seine großen Buchstaben an
                                                        deine Hauswand:
BIST DU ES SELBST? BIST DU ES NICHT? BIST DU
                                                                        ES?

Geschichte vom weißen Pferd

In trauriger Gefangenschaft auf einen Brief oder *ähnliches* wartend zählte der Held des Morgen ungeduldig die Tage. Es kam der Abend, der Flügelschlag eines Raben berührte das Fenster. Der H.d.M. schreckte auf: Wer klopft? Was pocht? fragte er. Ein schwarzer Rabe hatte geklopft. Auf dem Wappen des Hunyady war ein ähnliches Tier zu sehen. Dieses kannte der Held des Morgen gut. Oft war es zu ihm gekommen; lange sah er es an, und an solchen Abenden wiederholte er immer das gleiche Wort: Nevermore.

VERSTEHEN SOLLEN SIE UND AUCH NICHT

An einem Vormittag im Januar

Unsicher hätte ich mich an deine Fersen geheftet; ich hätte
dich nicht angesprochen und wäre dir eigentlich auch nicht
gefolgt, sondern hätte mich lediglich berauschen wollen an
deiner unbewußten Eleganz. Meinen Schritten wäre der
Agent eines wenig bekannten Geheimdienstes gefolgt. Dem
Agenten dann der Fahnder einer anderen Organisation.

Aus der Ferne wäre der Fahnder von der eigenen Ehefrau
beobachtet worden, einer von Eifersuchtsanfällen gepeinig-
ten, nervenkranken Frau, einer Person, die der ständigen
Aufsicht eines Pflegers bedarf.

Diesem Pfleger wäre ein Zigeunerjunge hinterhergepest, ihn
um Kaugummi anzubetteln.

Mit schwerfälligen Schritten hätte sich die Mutter auf den
Weg gemacht, um den Jungen wegen einer früheren
Nichtigkeit jämmerlich zu verprügeln.

In Wirklichkeit hätte es sich bei der Zigeunerin um eine
Spionin gehandelt; ihr Verbindungsoffizier, ein hoch-
rangiger Diplomat, wäre gerade an der Ecke aufgetaucht, um
sich – sozusagen – aus der Hand lesen zu lassen. Mit gleich-
gültiger Miene hätte er sich in Richtung der Frau begeben.

Leibwächter und Leute von der Spionageabwehr wären dem
Diplomaten gefolgt.

57

Einer von der Spionageabwehr hätte seinen Wagen zufällig im Parkverbot abgestellt, nachdem er dem Diplomaten auf die Spur gekommen wäre.

Ein nichtsahnender Verkehrspolizist wäre dem Mann von der Spionageabwehr hinterhergegangen, um ihn zu schnappen und abzustrafen.

Da tauchte an der Ecke – da wäre aufgetaucht – die Geliebte des Milizionärs, leichtfüßig dem Liebsten hinterherlaufend, der dem Mann von der Spionageabwehr folgte, der seinerseits dem Diplomaten und der wiederum der Zigeunerin folgte; die Zigeunerin dem Jungen, der Junge dem Pfleger, der Pfleger der kranken Ehefrau, die Ehefrau dem Detektiv, der Detektiv dem Agenten, der Agent mir und ich – du weißt schon – dir.

Der Liebsten des Milizionärs wären halbstarke Schulschwänzer gefolgt, ihnen hinterher indes hätte der Klassenlehrer zwei Mitschüler geschickt; und so weiter, so würde dies alles weiter seinen Lauf genommen haben.

Worte hin, Worte her: An diesem Vormittag hätte auf den Straßen ein unbegreifliches Rauschen angehoben, eine geheimnisvolle Unruhe, und die ganze aufgewühlte Stadt wäre unbewußt deinen unbewußten Schritten gefolgt.

Bis zum Jahresende soll ich eine Entscheidung treffen

(Bis zum Jahresende soll ich eine Entscheidung treffen.
Irgend etwas soll ich entscheiden. Aber was?
Immerzu fühle ich mich bedrängt: Bis zum Jahresende soll ich
eine Entscheidung treffen.
Und ich weiß nicht, in welcher Sache.
Ich befürchte, nicht herauszubekommen, was ich hätte
entscheiden sollen, und das Jahresende wird kommen,
und die anderen werden mich dann entsprechend deuten, ich
hätte so und so entschieden – dabei kann von einer
Entscheidung keine Rede sein,
eine Alternative habe ich nie gehabt.
Was soll daraus werden?
Übrigens wollte ich dir noch schreiben, daß ich dich sehr liebe.)

Was ich von dir gefühlt und gedacht

Das habe ich mit meinem Herzen gefühlt

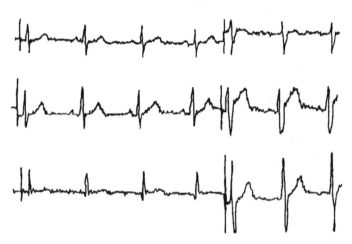

Und zur gleichen Zeit habe ich das von dir gedacht

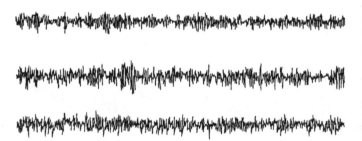

(Meine Liebe! Morgen ziehe ich in den Krieg.

An jenem Tag, als ich beschloß, mich zu melden, hätte ich nie geglaubt, daß ich ohne Abschied abreisen würde; daß auch Dir der Grund für meinen Entschluß klar sein müßte, das wußte ich; ich rücke ein, weil das für Dich so . . ., mit einem Wort: Deinetwegen; ist doch meine Zuneigung zu Dir, meine Liebe, und überhaupt, meine ganze Anwesenheit für Dich eine derartige Belastung, diese Liebe nimmt Dich derartig mit, daß Dein Leben, das Du an andere gebunden hast (oder möglicherweise bist gar nicht Du es, die gebunden hat; und dann wäre es besser, wenn ich sagte: Dein Leben, das an das andere gebunden ist), daß Dein Leben ausgefüllt ist von Unruhe, Traurigkeit, Angst und dem Vorgefühl einer Tragödie.

Ich glaube, insgeheim freutest Du Dich über den Entschluß. Obwohl Du Dir nichts hast anmerken lassen, und auch die Sorge Deines Mannes war – so schien es – ehrlich gemeint, was mich wohl erwarten könnte, welches Verderben; er, so glaube ich, ahnte, was uns miteinander verband. Warum fragte er nicht danach? Das weiß ich nicht; jedenfalls wird auch er erleichtert gewesen sein – zumindest stelle ich mir das so vor –, er verhielt sich mir gegenüber freundlicher. Und Du? Warum hast Du jenes kühle und feindselige Wesen angenommen, das, wenn es nur irgend geht, ein Treffen mit mir vermeidet, auf meine Briefe nicht antwortet und durch das Zimmermädchen ausrichten läßt, Du fühltest Dich nicht wohl?

Doch nicht davon wollte ich schreiben.

Über das Duell wollte ich mit Dir reden; ich habe Angst, Dir nicht erklären zu können, was es mit dem Duell eigentlich auf sich hat: Mit wem, wann, wie; und vor allem, warum? Für wen und warum?)

Indianerworte im Radio

Für den Dichter Least Heat Moon*

Die Indianer lassen uns nicht im Stich.
Andere schon, doch sie lassen uns nicht im Stich.

Hätten sie gewußt, was sein wird bei Schäßburg
– nun ja, sie wußten nicht, was sein wird bei Schäßburg –,

sicher wären auch sie gekommen,
einige hätten gewußt, daß auch sie kommen:

Väterchen Bem, die Indianer kommen, hätten sie gesagt,
eines schönen Morgens hätten sie Väterchen Bem gesagt:

Über die Beringstraße,
durch die Beringenge
trifft ein indianischer Reitertrupp ein,
schlägt sich durch ganz Sibirien,
bis hierher kämpft er sich durch,
eilt uns zu Hilfe ...

So hätten die Herren Majore gesprochen
und ihre Tschakos in die Höhe geworfen.

Mein indianischer Bruder, wir haben nicht einmal ein
                                        Reservat.
Ein Ghetto, Bantustan, ein Reservat käme uns oft gelegen,
                              keines davon haben wir.

In der Konditorei rottet sich der Stamm zusammen,
lange halten wir Maulaffen feil in der Konditorei.
Fräulein, gönnen Sie uns doch das Indianertörtchen.

So reden wir, und bei uns denken wir,
doch wirklich denken wir bei uns:

Eines schönen Tages werden einige Indianer
über die Beringstraße,
durch gleich welche Enge
uns zu Hilfe eilen,
sich zu uns durchschlagen.

Die Indianer lassen niemanden im Stich.
Die Indianer lassen uns nicht im Stich.

---

* Die Widmung und auch das Gedicht selbst sind leichter zu verstehen, wenn
wir wissen, daß William Least Heat Moon, Schriftsteller indianischer
Herkunft, auf der Sitzung vom 15. November 1985 des in Budapest statt-
gefundenen KSZE-Kulturforums als Mitglied der amerikanischen Delegation
in einem ausführlichen Redebeitrag auf die Lage des Géza Szőcs aufmerksam
gemacht hat. Er berichtete davon, daß Géza Szőcs unter Hausarrest stehe und
der Polizist, der das Haus bewache, angewiesen worden sei, das Papier dem
Dichter, wenn dieser sich an die Schreibmaschine setze, aus den Händen zu
reißen und zu zerfetzen. Moon forderte die rumänische Regierung auf, die

Dichter als nationales Kunsterbe zu betrachten, während er die anwesenden Delegierten darum bat, die Namen der zum Schweigen verurteilten Autoren überall in der Welt bekanntzumachen.

Über die Ereignisse des Kulturforums wurde Géza Szőcs von Freunden informiert, die aus dem Radio davon erfahren hatten. Deshalb findet sich im Titel des Gedichts der Hinweis auf dieses Medium.

Schließlich noch einige Worte zu Väterchen Bem und Petőfi: Im Juli 1849 erlitt der ungarische Freiheitskampf bei Schäßburg (Siebenbürgen) gegen die vielfache Übermacht der russischen Truppen die entscheidende Niederlage. Das ungarische Heer wurde von József Bem geführt. In dieser Schlacht fiel Major Sándor Petőfi, der „größte ungarische Dichter", der Nationaldichter der Ungarn, im Alter von vierundzwanzig Jahren.

Die Lokomotivführer

Zwei Lokomotivführer seien heute hier gewesen, erzählte meine Liebste, die nahe der Eisenbahnstrecke wohnt. Ins Haus seien sie gekommen, fuhr sie fort, und hätten um Wasser gebeten. Für den Kessel hätten sie das gebraucht. Dann hätten sie ihr vorgeschlagen mitzukommen. Wohin sie führen, hätten sie ihr gesagt, doch den Namen der Stadt habe sie vergessen.

Vielleicht habe es sich auch gar nicht um eine Stadt gehandelt, sondern eine Gegend werde so genannt.

Doch mitgegangen sei sie nicht, schloß meine Liebste, die nahe der Eisenbahnstrecke wohnt. Sie hat die Wahrheit gesagt. Der eine Besucher nämlich bin ich gewesen, in der Verkleidung eines Lokomotivführers, mit rußig eingeschwärztem Gesicht. Solche Lokomotivführer gibt es heute nicht mehr, und das hat auch sie vermutlich gewußt. Daß der eine der beiden ich gewesen bin und niemand sonst, mochte sie ebenfalls geahnt haben. Auch deshalb, so glaube ich, ist sie nicht mit uns nach Malesien gekommen.

Hieroglyphen

Dereinst schreibst du mich voll mit Worten, rätselhaft.

Verstehen sollen sie und auch nicht:
Schillern würden sie dereinst auf mir,
wie unter dem Eis die Forelle
oder aus dem Winkel des Mundes
der rinnende Faden aus Blut
oder wenn sie sich dann verlören
in deiner Brust, funkelnd die Meisen
und die Rotfußfalken –

Sehen sollen sie und auch nicht.
Verstehen sollen sie.
Und auch nicht.

Sindbad und seine Freunde

Bevor Sindbad nach Marienbad fuhr, traf er abends in einer Altofener Kneipe noch seine Freunde Marci Kakuk und Kornél Esti.

Damals wurde in Budapest die Mittelosteuropäische Universität gegründet.

Sowohl Kornél Esti, Marci Kakuk als auch Sindbad hätten gern an der Universität gearbeitet. Als was? Als Heizer, Bote, Assistent, Dozent, Forscher oder Bibliothekar; mit einem Wort, alle drei hatten sie das Gefühl, daß sie mit der Universität durchaus etwas zu tun haben könnten und daß sie gern in ihr Inneres, hinter das Gemäuer, gelangen würden.

So geschah es, daß alle drei sich in einem Brief an den Gründungsausschuß der Universität wandten. Kurze Zeit darauf erhielten sie ein höfliches, jedoch ablehnendes Antwortschreiben. Die formale Einleitung und auch der Inhalt der Briefe stimmten sozusagen wortwörtlich überein, nur die Begründungen wichen voneinander ab, die Erklärungen, weshalb die Universität keine Verwendung für sie hatte.

„Sie sind nicht genügend Osteuropäer", schrieben sie Marci Kakuk von der Universität.

„Sie sind nicht genügend Mitteleuropäer", zeigte Kornél Esti den Freunden in der Kneipe seinen Brief.

Sindbad teilten sie mit: „Sie sind nicht genügend Europäer."

Durchleuchtung von einem aus Siebenbürgen

Einer aus Siebenbürgen, unterwegs zurück nach Osteuropa, stieg auf dem Flughafen in Z. um. Schon früher hatte er hier in Z. eine Weile gelebt, und jetzt verspürte er Lust, die Wartehalle des Flughafentransits zu verlassen, um am Ufer des Z-Sees ein Omelette à W. zu kosten.

Ob er etwas anzumelden habe, fühlten ihm die Türhüter auf den Zahn, und er gab zu, jawohl, anzumelden habe er etwas. Was das sei?

Da nahmen sie den Reisenden genau unter die Lupe; nachdem sie nicht fündig geworden, erteilte der Boshafteste unter den Türhütern den Befehl, diesen verdächtigen Patron zu röntgen.

Also durchleuchteten sie den aus Siebenbürgen.

Der Türhüter stieß, auf den Bildschirm blickend, einen Schrei aus: NA, WAS IST DAS?

Habe ich es nicht gesagt? Tat so unschuldig, der aus Siebenbürgen. La statue équestre du ciel. Die Reiterstatue des Himmels.

UM DEN HALS GEBUNDEN DIE BOTSCHAFT

Wohin weist unser Gedicht?*

Zu jener Zeit, als ich Arbeiter war, traf ich im Morgengrauen
auf der Fußgängerbrücke – der Rollbrücke – über der
Bahnstation häufig Dönci Tüskés und Anyó Méznyaló. Sie
beobachteten an dieser Stelle für gewöhnlich die nächtlichen
Lichter des Bahnhofs.
Und unterhielten sich.
„Was hältst du von Lyrik?" fragte Dönci Tüskés.
Bei der Frage kam mir György Bretter in den Sinn.
Wenn er Kántor traf, hieß es oft:
„Gut, daß du kommst, Lajos, ich wollte dich gerade
fragen, was deiner Meinung nach Kunst ist."
Anyó Méznyalós Antwort hörte ich nicht, denn ich blieb
nie stehen, um zu horchen. Ich hatte es eilig, in die Fabrik zu
kommen.

*

Jene Gerade – der Meridian des 180. Längengrades –,
die unsere gezählten und benannten Tage voneinander
trennt (auf deren einer Hälfte also Freitag und der anderen
Sonnabend ist), durchquert die Gebäude dergestalt, daß sie
ein Zimmer halbiert, die Zeit darin teilt, in heute und
nicht-heute. Die Rechnungen der zwei in zwei Ecken des
Zimmers plazierten Telefone werden nicht gleichzeitig
zugestellt, vorausgesetzt, Pedanterie gehört zu den
Tugenden der Maorer Post. Das eine Telefon klingelt
morgen, das andere heute. Wenn ich von zu Hause aus, von
Klausenburg, die beiden Nummern wähle, die Nummern
der beiden in dem betreffenden Zimmer plazierten

Apparate, folgt daraus natürlich, daß dann in der einen
Muschel meine heutige, in der anderen meine morgige
Stimme – oder gestrige, je nachdem, von wo aus wir die
Sache betrachten – zu hören sein wird. Und wenn jemand
die beiden Hörer in jenem Zimmer in unmittelbare Nähe
zueinander brächte – so daß die Rede vom einen zum
anderen herüberdringen würde –, dann könnte ich,
mit Hilfe der beiden Apparate, mit meinem morgigen
oder gestrigen Selbst sprechen. Ich denke, das erinnert
sehr an die Dichtung, in all dem besteht eine der grund-
legenden Aufgaben des Gedichts, sich zu unterhalten
mit jenem Selbst, das ich gewesen bin und das ich sein
werde.

*

Auf dem Nachhauseweg, wieder auf der Rollbrücke, sagte
Dönci gerade, Donka habe Anna von ihrem Traum erzählt,
als diese plötzlich gesagt habe, das sei nicht wahr, das habe
auch sie geträumt, und so sei es nicht gewesen!

In einem Klausenburger Krankenhaus hatte man ein
Schlafmittel ausprobiert. Nach dem Aufwachen berichteten
alle Patienten dasselbe: Auf einer Schrägen seien sie
umgekippt, in einem dunklen Korridor vorangeschritten,
kaum das Gleichgewicht haltend, hier und da hätten sich
kleine Korridore geöffnet, mit blendend hellen Fenstern am
anderen Ende.

Was haben die beiden Geschichten zu bedeuten? Daß
Menschen unter solchen Umständen, wenn sie zusammen
aufgewachsen sind, wenn man ihnen das gleiche Essen und
das gleiche Schlafmittel verabreicht, daß sie unter solchen
Umständen dasselbe träumen; und deshalb darf man nicht

verantwortungslos konfuses Geschwätz von sich geben, daß
man dies und jenes geträumt habe; jederzeit kann sich eine
Stimme zu Wort melden, sie habe den gleichen Traum
gehabt, und davon sei keine Rede gewesen.

*

Schließlich einige Sätze zu meiner Armbanduhr. Diese Uhr
weicht ungefähr zwanzig Minuten von der hauptstädtischen
Normalzeit ab. Von Astronomen erfuhr ich, wann in
unserer Stadt die Sonne im Mittag steht, mit Sekunden-
genauigkeit, und dementsprechend stellte ich die Zeiger auf
zwölf. Seither zeigt meine Uhr nicht die abstrakte Zeit, die
nur dafür taugt, zu etwas ins Verhältnis gesetzt zu werden,
sondern die reale, hiesige und jetzige Zeit. Im Menschen
funktioniert eine innere, eine unbewußte Uhr; Mittag ist es
auf dieser Uhr dann, wenn die Sonne wahrhaftig im Mittag
steht. Denn das Bewußtsein des Menschen richtet sich nach
einer anderen Zeit, in der Hosentasche und am Arm trägt
er eine andere Zeit als die wahrhaftige. Der Unterschied
zwischen den zwei Arten von Zeit, der der unterbewußten
Wirklichkeit und der dem Bewußtsein aufgezwungenen
abstrakten Zeit, realisiert sich in Form von Spannung;
von hier rühren die für den Menschen unserer Epoche
bezeichnenden Neurosen, nervösen Reaktionen, Nerven-
krankheiten.

Und was geschieht, wenn der Mensch verreist? Soll er
seine Uhr immer gemäß der in der betreffenden Gegend
gerade gültigen Zeit umstellen? Dazu besteht keine Not-
wendigkeit. Der Unterschied nämlich, der zwischen der die
heimische Zeit zeigenden Uhr und der wirklichen Zeit
besteht, wird in unserem Bewußtsein kompensiert. Denn

auch das Sichentfernen von zu Hause erregt Nervosität im Menschen, bedrückende Unruhe, und das wird gerade durch das andere ausgeglichen, das aus dem Anderssein der Zeiten Stammende. Wenn wir schon seit langem in der Fremde leben und weder Schuhe noch Taschentücher die heimischen sind, sondern die dortigen, dann soll wenigstens die in der Hosentasche getragene Zeit aus jener Stadt kommen.

Zurück zur Nervosität: Seit ich meine Uhr nach der wahrhaftigen Zeit gestellt habe, bin ich ruhig geworden, leide nicht an Kopfschmerzen oder wenn doch, hat es andere Ursachen.

... und so berührt die ganze Sache eine werttheoretische Frage. Die Äqui- und Polivalenz der Werke. Bedenke nur: Keine Stümperei, der man nicht eine Gesellschaft, eine Kultur zuordnen könnte, für die diese Stümperei das phantastischste Meisterwerk wäre. Und umgekehrt, kein Schedövr, das für die gegebenen Kulturen nicht eine Anhäufung von Banalitäten wäre.

Oder?

*

Eine der früheren Erzählungen von Heinrich Kohlenbrenner handelt von jenem höllischen Gefühl, von dem ein Mensch, der aus unserer Epoche auf irgendeine Weise mehrere hundert Jahre zurückgestürzt, erfaßt wurde, als er den mitgenommenen Luxus-Weltempfänger, ungefähr im XII. Jahrhundert, einschaltete. Grauenvolle Stille, auf jedem Sender, auf jeder Wellenlänge; von nirgendwo ein Wort, ein Melodiefetzen.

Wie gesättigt, an damals gemessen, ist heute die Luft! In unserer Epoche ist der Raum von Wellen durchwirkt, die mit Hilfe irgendeines Apparates in Töne und Bilder verwandelt werden können, und diese Wellen ziehen immer wieder durch uns hindurch; unsere Lunge, unsere Leber und unser Rückgrat sind derart angefüllt mit Signalen, die durch unseren Körper weiterbefördert werden, daß in unserem Organismus ein schreckliches Durcheinander herrscht; in den Nieren ergänzen sich Fetzen von Fernsehsendungen in mehreren Sprachen; in den Kniescheiben Radio Moon und Radio Tirana ...

Nun ja, so oder so ähnlich ist der Raum, in dem wir leben, auch mit Verslinien durchwirkt; auch der Vers ist eine Entsprechung, eine Übertragung in einen anderen Stoff, Transformierung von etwas in etwas Neues, wie auch auf dem Schirm des Fernsehapparats das Bild entsprechend der Veränderung der Wellen sich wandelt; ich habe von einem Menschen gehört, der die um ihn her strömenden Wellen derart einfühlsam empfängt, daß er selbst sich in Bilder zu wandeln vermag, ohne Bildschirm, und wenn er in sich hineinblickt, sieht er ein Fußballspiel; mit einem Wort, wir leben, wir atmen, wir bewegen uns in etwas, und die Erscheinung von diesem Etwas ist das Gedicht; als schillerndes Garn umgeben sie uns, die Versfäden, verworren und verwickelt sind sie, manchmal, wenn uns gelingt, zu erkennen, wie sie miteinander verknüpft sind, können wir sie spinnen, zu einem Bild walken, zusammenfassen. So also leben wir in einem glänzenden Wellenschlag; jeder Gegenstand verdünnt und verlängert sich als Faden, jede Landschaftsform setzt sich fort, jeder Baum; Augenpaare; Leiden; in die senkrechten, stahlblauen Linien des Regens webt sich horizontal der Flug eines rotköpfigen Spechtes. Sterben wird in uns der Dichter, wenn wir von all dem

nichts mehr hören werden, nur die Stille, wie Heinrich
Kohlenbrenners Held mit seinem Luxusradio unter dem
Arm.

---

* *Gespräch am runden Tisch in der Redaktion des* Utunk (Unser Weg),
im Oktober 1978

Das Schachbrett

Glaubst du, das Schachbrett besteht aus Schachbrett?

Glaubst du, wenn du es aufschlitzest und es sich spaltete,
unter dem Funkensprühen des Schweißbrenners, dem
                                                                weißen
Knistern, und wenn die Grillen des Schachbretts
auseinanderspritzten, glaubst du, du würdest nicht ebenso
erschaudern wie damals, als du dir zum ersten Mal in die
                                                                Hand
geschnitten und dessen bewußt geworden, daß du nicht *nur*
                                                                Haut
bist, sondern darunter wer weiß was alles ist! Blut, Lungen,
Leber, Herzen, Milzen! Das glaubst du?!

Oder glaubst du, wenn du dich mit Zangen und Meißeln und
Hämmern darüber hermachest und die Felder
auseinandersprengest, daß die Fledermäuse des
                                                                Schachbretts
quietschend entflögen, im eigenen Schatten sich
                                                                verheddernd –
glaubst du, dann wäre das Brett schon leer?

Wenn du es übergössest mit Öl und Benzin und mit Napalm
                                                                in
Brand setzest, auch dann würden sie dort stehen, die von
unten auflodernden, im scharlachroten Nebel, auf den
verstreuten und bis auf den Grund niedergebrannten
                                                                Feldern,

die verbrannten Figuren, als Säulenheilige, groteske
Monumente, mit ihren hervorstehenden brandigen
                                              Gebeinen,

als Kerzenstummel, in Plutoniumstrahlen geschmolzen.

Die Botschaft

Dereinst werde ich erkennen: Dies also wäre jene Botschaft,
jenes Wissen, welches ich dir zukommen lassen muß.
Das dich umgebende Leben wird dadurch hell erleuchtet
werden; als wären die Geschehnisse mit Glühwürmchen
ausgestopft: Sie werden schimmern, gleich bronzenen
Tonbandgeräten im Inneren einer Scheune. Und zu all dem
bedarf es nur des einen, daß du die Botschaft erhältst!

Auch Krieg gibt es auf der Welt. Vielleicht gerade dann,
wenn die an dich gerichtete Botschaft ihre sinnvolle Form in
mir annimmt, wird es mir unmöglich sein, damit zu dir zu
gelangen, in eine andere Stadt. Obwohl die beiden nicht weit
voneinander entfernt wären (ja, eigentlich könnten sie nahe
beieinanderliegend genannt werden): Bis dahin – wer weiß
das schon vorher – könnten auch zwei oder drei Grenzen
zwischen uns geraten; scharf bewachte Frontlinien, die nicht
einmal ein Hase überwinden kann, über denen selbst die
Tauben abgeknallt werden.

Ich kann nichts anderes tun – ist doch die Botschaft von
derartiger Wichtigkeit! –, ich darf mich damit nicht verspäten:
Einem abgerichteten Maulwurf werde ich sie anvertrauen.

Wie ein Wahnsinniger ins Bassin, so wird sich der Maulwurf
ins Erdreich stürzen, untertauchen als U-Boot; schnaubend,
baggernd wird er sich hindurchgraben und die Erde hinter
sich werfen, in gleichmäßigen Zügen sich voranarbeiten, von
Zeit zu Zeit nur auftauchen an der Oberfläche, um Atem zu

holen; kleine Erdhügel zeigen an, wie weit er gelangt ist, ohne Rast sich vorwärtsbohrend.

Abgemagert bis auf die Knochen wird er bei dir ankommen, schnaufend und keuchend, in zerzaustem Pelz, um den Hals gebunden die Botschaft.

Du mußt dich nicht selbst einlullen: Das Ganze ist nur ein Schauspiel. Auch jener abgerichtete Maulwurf werde ich sein, auf dem Zettel um meinem Hals wird geschrieben stehen, was du schon längst wissen könntest, habe ich es doch schon in meinem ersten Brief mitgeteilt.

Als die Pappel Kati getötet

Dort in dir schleppst du umher den Baum,
sein Schatten wächst im Morgengraun.

Kati kam hier entlang, allein. Herbstes Macht:
Wartet auf sie eine Pappel in der Nacht.

Nebel auf der Startbahn

Diese Scheußlichkeit hatte nur deshalb passieren können, weil es plötzlich so neblig geworden war, daß man nicht einmal die Nasenspitze sehen konnte; weder du noch die Soldaten.

Erinnerst du dich an jene alte Hochzeitsgeschichte? Unsicher tastest du hier und da herum, absolut nichts ist zu sehen, so dicht ist der Nebel. Stocherst mit den Fingern, sondierst, und während du dich im Kreise drehst, geht dir plötzlich ein Licht auf, wird dir die schreckliche Wirklichkeit bewußt: *Das hat mit Nebel nichts zu tun.* Von etwas ganz anderem ist hier die Rede: Du befindest dich in einem Leichenauto, bis an den Rand mit saurer Sahne gefüllt, und es steuert ein unbekanntes Ziel an.

Doch nicht genug des Unglücks! Nicht genug, daß der Nebel so dicht gewesen, noch dazu hatten sich auch deine Brillengläser in Sekundenschnelle beschlagen. An den Händen dicke Handschuhe, wie hättest du so den Dunst abwischen können, während du das Steuer umklammert hieltest?

Und darüber haben wir noch nicht gesprochen, daß nicht nur der Nebel über die Startbahn, nicht nur der Schleier auf die Gläser der Brille sich gelegt, sondern zu allem Verdruß auch noch Tränen aus deinen Augen geströmt.

Warum hätte es nicht passieren sollen, das?

Beerdigung in Szentgyörgy

19. Juli 1991
Beerdigung von Imre Baász

Ein Postschließfach der Mensch,
der Brief darin die Seelen.
Liedgesang erklingt: Es woge
unterirdisches Leben.

Verlegen sind die Blicke,
bis nicht das *Andere* kommt,
bis zur Vision, sich lösend
vom inneren Horizont.

Du winkst zurück und gehst voran,
gelangst zum schmalen Steg,
wo sich die Augen schließen
und dich der Briefumschlag verrät.

Wenn der Mensch hinübergeht
in unterirdischen Raum,
liest Gott der Allmächtige
den ihm gerichteten Traum.

Ein seltsam Wesen ist der Mensch!
Führt auf seinen Totentanz,
wie eine Tasche wirft er
das Leben weg, vergißt es ganz.

*

ES LIEGT DER KÖRPER IM SARG.
DIE SEELE STEHLEN SIE IHM.
DER ASTRAL SCHWINGT SICH AUFS PFERD
UND REITET DAHIN GESCHWIND.

Geburtstag in Szentgyörgy

Für I. B.

Erinnerst du dich noch, Gazsi? Komm, wir fahren nach
Szentgyörgy! In Szentgyörgy in der Souffleuse und in der
Krypta und im Bodok! In Szentgyörgy, wo ..., du weißt,
wer dort lebt, in Szentgyörgy, richtig, er! Du wolltest ihn
doch immer treffen, stimmt's? Komm, wir fahren nach
Szentgyörgy, wo alles noch beim alten ist! Ein halbes Glas
Kognak und eine Pepsi. Und der General und das Pferd
und das Parkett in der Souffleuse, Teppiche, tatsächlich,
und Kachelöfen. Generalität des Generals und Pferdschaft
des Pferdes! Die Souffleuse, die Krypta, das Bodok! In
Szentgyörgy, wo der Mensch einen Reisepaß erst in zwei
Wochen bekommt, deutsches Bier dagegen sofort. Hast
du die Geschichte gehört, als ..., die hast du gehört?
Interessant ... oder? Und wie er von dem Polizisten
angehalten worden ist und dem gesagt hat: L. m. A., und
wie sie im Bauch des Patienten die Schere vergessen haben?
Hast du das gewußt? Und alles so und so und so.
Doch stell dir vor, was sich kürzlich begeben hat. Als ich in
Szentgyörgy eintraf, hielt sich gerade niemand in der Stadt
auf. Das hat sich begeben.
Wie so etwas möglich ist?
Nun, alle waren verreist.
Waren sie irgendwohin beordert worden?
Nein, keineswegs. Bedenke doch: Früher oder später
unternimmt ein jeder eine Reise. Der eine wöchentlich zwei-
mal. Andere monatlich. Wiederum andere in sieben Jahren

einmal. Ja. Das war passiert. Das kleinste gemeinsame Vielfache dieser Zahlen. Daß an jenem Abend zufällig jeder verreist war. Passiert ist nichts. Wenn du daran denkst. Vertrieben worden sind die Menschen nicht. Nur daß eben an diesem Tag alles zusammentraf – denk nur an die Stellung der Planeten, na, so was in der Art –, was sowohl die alle fünf Jahre als auch die alle zwei Jahre Reisenden dazu veranlaßte, sich auf Reisen zu begeben. Solche Zufälle gibt es. Na und, na und?

Die Vögel – von Krähen ist die Rede – hatten von der Sache Wind bekommen und waren in die Stadt gezogen. Sie schlemmten in den Speisekammern, hernach legten sie sich schlafen. Mit gespreizten Flügeln lagen sie auf den Kissen, krächzend, und in der Souffleuse auf den Tischen.

Am Stadtrand versammelten sich Füchse und Hausfrauen. Die letzteren trugen im Gürtel ein Messer. Sie versammelten sich. Der Schnee schluckte den Lärm. Und das war alles.

*

Auf dem Marktplatz, in Szentgyörgy, leuchtend grell
ein turmhohes Haus, das Bodok-Hotel,
vom Fenster aus Füchse zu sehen
und Hausfrauen mit Messern und Krähen;
Szentgyörgy lag im Schlaf, beim General
nur brannte Licht, es schien fatal:
Dort, mit dem Rücken zum Fenster stand
der letzte Herr, den Mantel in der Hand.

Die Hoffnung*

Für Ana Blandiana

Und nicht nur deshalb, nicht nur deshalb! Heute abend
noch muß die Burgmauer in die Luft fliegen: NICHT
WAHR, VOR EIN MILITÄRGERICHT WOLLEN SIE
DOCH NICHT GESTELLT WERDEN? fuhr der
Kommandeur fort, von wo Sie Sprengstoff besorgen, das
interessiert mich nicht. Andere sind imstande, sogar Wasser
aus dem Fels sprudeln zu lassen! Not macht erfinderisch.

Sie waren erfinderisch. Leicht war es nicht. Der ohnehin
unsichere Vorschlag kam einem von ihnen erst nach langem
Hin und Her in den Sinn. Das könnten sie probieren. Oder?
Nachdem sie eine ganze Reihe von Ideen – nicht ohne
tiefschürfende Diskussion – verworfen hatten.

Die unter der Burgmauer senkrecht, waagerecht und schräg
gebohrten Schächte füllten sie randvoll mit mittelgrob
gekörnter Polenta entsprechender Qualität, mit gekrümmtem
Rücken rannten sie dann entlang der Zündschnur zurück
und warfen sich auf den Bauch.

Von der Burg her beobachtete man besorgt das muntere
Treiben, den Eifer.

Kurze Zeit später ertönte der Befehl: FEUER!!!

Die Mannen zündeten die Schnur an, und seither warten sie.

Porträt eines Janitscharen

Janitschar bin ich. Geboren in Siebenbürgen,
in der Straße der Republik.
Vorname der Mutter: Maria.
Vier Jahre alt war ich, als ich geraubt worden bin.
In Adrianopel erstand mich ein Aga.
Von dem kam ich zu einem Bey, dann ins Gefolge eines
Paschas.
Ich lebe in Stambul.
Verstehe mich auf Querelen: kann das Schwert
schwingen, kann reiten, brandschatzen, Brustkinder mit der
Lanze durchbohren,
einem Weib Gewalt antun.
Bin von Beruf Janitschar.
Religion, Nationalität: Janitschar.
He, ho, mein Yatagan.
Manchmal besuche ich meine Heimatstadt im fernen
Siebenbürgen. Dann
lasse ich sie über die Klinge springen, meinen Vater, Bruder,
Onkel,
wer von der Familie gerade da ist.
Die Verwandten fuchteln herum,
die Frauen kreischen, schreien Zeter und Mordio,
doch kein Erweichen,
meiner Mutter, Schwester – will sein ein Janitschar – tue ich
Gewalt an,
dann treibe ich sie auf den Sklavenmarkt nach Adrianopel,
nachdem ich wieder und wieder mein Geburtshaus und
in Brand gesteckt.   [Heimatland

STIMMENGEWIRR IM STETHOSKOP

Plan zum Bau eines Donaukraftwerks im Schwarzwald

Sechs bis acht Meter von der Donauquelle entfernt muß
das Kraftwerk errichtet werden, seine Breite soll zwei Meter
betragen, die Höhe fünfzehn Zentimeter oder eine Elle.

Die von der Anlage produzierte Elektroenergie soll über
ein direktes Kabel nach Budapest geleitet werden. Der
Strom soll eine Glühbirne von 25 Watt speisen, die an der
Seite des Parlaments ein Denkmal unweit der Attila-József-
Statue beleuchten soll. Und darstellen wird das Denkmal
einen Infarkt.

Wozu der Staudamm im Schwarzwald noch genutzt werden könnte

Ein mittelfristiger Plan, die Nationalwirtschaft als Conceptart, das heißt als Serie konzeptueller Aktionen interpretiert – und dementsprechend gelenkt –, eine staatswirtschaftlich-künstlerische Strategie des heutigen Rumänien, ist die Beseitigung des Donau-Deltas. Gemäß diesem Plan werden sie das Delta in Ackerfläche umwandeln.

Es lohnt, über die Möglichkeiten weiter nachzudenken. Hält doch die Donau ohnehin noch einiges aus. Warum sollte man sie nicht, sagen wir, umdrehen? Soll sie doch stromaufwärts fließen. Die Wasserkraftwerke produzieren Strom genug – und wenn nicht, können neue Kraftwerke gebaut werden –, um ein Pumpsystem entlang der Donau zu installieren. Die Pumpen würden das Wasser zurückbefördern, hinauf zum Schwarzwald; dort würde das neue Donau-Delta entstehen. Das wäre besser, weil die Deutschen gewiß nicht pflügen und säen wollen.

Im Wasser des neuen Donau-Deltas, nahe der Quelle beziehungsweise der Mündung, könnte das Schwarzwaldkraftwerk das radioaktive Wasser des erniedrigten und geschändeten Stroms alsbald unter der Erde in einem Wasserschlinger verschwinden lassen. Denn wer wüßte nicht, daß das am Donauufer im Bau befindliche rumänische Atomkraftwerk schon jetzt den Namen *Revanche für Tschernobyl* trägt, und wer wüßte nicht, daß immer mehr rumänische Atomkraftwerke gebaut werden. Und man kann sich glücklich schätzen, wenn nur aus Polenta, denn die, das weiß schließlich jeder, explodiert wenigstens nicht.

Die Donau kommt an, in ihrem Mund eine Nachricht

Das Schicksal von Völkern, Fischen und Kindern
verbindet und entwirrt der Strom, die Donau,
zwischen den Zähnen eine Nachricht schleppend,
schwemmt sie weg, kehrt um, bringt sie zurück.

Die arme Verwandte von Hinterwalden

Mihály Ilia in Freundschaft

I.

1. In der Tür dort steht die arme Verwandte von Hinter-
   walden.
2. Blickt archaisch.
3. „... danke", murmelt sie verschämt,
4. „... daheim? Nun ja ..., jetzt beispielsweise auch das
   Salz ..., das heißt seit neuestem auch das nicht mehr ..."
5. „Na, und die Bären?"
6. Archaisch lacht die Verwandte.
7. „Ei gewiß, die streifen durch den Wald."
8. „Die Schuhe geben wir Euch. Die werden gut gegen
   Bären sein. Und wir können sie sowieso nicht mehr
   gebrauchen."
9. Und die Verwandte verlegen wie ein Kind:
10. „Vergelt Euch Gott Eure Güte."
11. „Mein Herzchen, bring auch ein bißchen Salz noch."
12. „Ach, Gott soll Euch segnen."
13. Die Verwandte von Hinterwalden entfernt sich.
14. „Interessant, sprechen haben sie dort noch nicht
    verlernt.
15. Das ist brav, wie schön noch immer ..., na, ziemlich
    schön.
16. Das können sie noch."

II.

Stimmengewirr im Stethoskop.
Es strampeln die Beine amputiert.
Lärm ist zu hören im Hörgerät,
Es schweigt das Pferd im Stimmengewirr.
Blut strömt hervor aus dem Stethoskop,
und Schnee rieselt vom Winterhimmel.

Und die Verwandten am Waldesrand.
Sie sind zerknirscht, schrecklich aufgeregt,
erklären etwas, wollen fragen,
sagen's wieder und fragen's wieder,
doch niemand versteht ihre Worte,
selbst die Sterne mißverstehen sie.

Der Turm

Also dann an der Elfenbeinküste.

Dort habe ich einen riesigen Turm.
Dort schreibe ich meine politischen Gedichte.

Und ich habe einen winzigen Moloch.
In einer Kiste wohnt er, darin halte ich ihn, sie ist seine
Provinz.

Sie ist seine Region, von mir genannt:
Molochien.

Im Vergleich zu mir ist das Molöchelchen ein Minderes,
ein Minderes gemessen an mir,
meine Minderheit,
wahrlich ein Graus,
wenn ich heimkehre in den Turm an der Elfenbeinküste,
herrsche ich ihn gehörig an, züchtige ihn,
was hast du schon wieder angestellt
in meiner Abwesenheit,
so rede ich mit ihm, was randalierst, was wühlst und
stänkerst du,
was soll das Zwiegequatsche, was für Legenden,
was für graussprachige molochige Universitäten forderst
du?

Da läßt der Graus die Ohren hängen, zieht den Schwanz ein,
vergrault sich nach Molochien,
faucht mächtig,
später verzeihe ich dero Gnaden,
werfe ihm einige Knochen hin,

na ja, so leben wir im Turm,
der Moloch und ich.

Elfenbeinküste am 21. Dezember 1998

LACHT, WIE IHR ES VERSTEHT!

Am 27. April 1915 reisen Franz Kafka und seine Schwester durch Budapest*

*Für Adrienne Csengery und
Attila Demény*

I.

„Und im Sonnenschein erblicke ich in meiner linken Hand
einen kleinen schwarzen Kern …"

„NOCH FÜNF MINUTEN BIS ZUR ABFAHRT DES
ZUGES VON GLEIS ZWEI …"

„Fahren Sie fort, Herr Csontváry."

„Und von hinten über mir höre ich …"

„Was?"

„Du wirst der Welt größter Maler sein."

„So ist es zweifelsohne auch geschehen, Herr Csontváry."

„Mit jener Macht, die wir Schicksal, unsichtbaren Meister
nennen, Gott vielleicht, stehe ich in geheimnisvoller
Verbindung."

„Wir müssen jetzt los. Danke für die Information."

„Nicht der Rede wert. Ich bin hier, um die Eisenbahnstation
zu mieten."

„Ja."

„Ja. Ich bin zu der Überzeugung gelangt, daß von einem
Gebirgszug – oder einem Bahnhof – nur ein so großes
Gemälde angefertigt werden kann …"

„Wie groß?"

„Wie der Bahnhof oder der Gebirgszug selbst. Deshalb habe
ich mich auf eine Reise um die Welt begeben."

„Wissen Sie, Csontváry … Dabei fällt mir ein, mein

Großvater pflegte zu sagen, das Leben ist erstaunlich kurz."

„Verblüffend kurz."

„Jetzt in Erinnerung drängt es sich mir so zusammen, daß ich zum Beispiel kaum begreife, wie ein junger Mann sich entschließen kann, ins nächste Dorf zu reiten ..."

„Wohin?"

„Ins nächste Dorf, ohne zu fürchten, daß – von unglücklichen Zufällen ganz abgesehen – schon die Zeit des gewöhnlichen, glücklich ablaufenden Lebens für einen solchen Ritt bei weitem nicht hinreicht. Gottes Vergangenheit, Herr Kafka, kann nicht gezählt werden. Doch ihn zu entlarven ist heute noch nicht aktuell."

II.

Zwischen den Zähnen das Meer mit immergrünem Herzen
streifen Azteken durch die Hotels.

Auf dem Berggipfel eine Station,
in den Sinn kommen wird dir dort meine Vision,

während aus dem Tierpark Geheul ertönt,
es brüllen die Azteken oder die Löwen
auf dem Berggipfel, wo der Bahnhof steht,
werden deine Augen feucht, sie schmerzen,

Fußspuren der Wasserflut
und Handzeichen auf der Station:
Hagedorn, Heidelbeeren und Strandgut,

leichtfüßig ist sie gekommen, die Sintflut,
um auf Zehenspitzen zu verschwinden mit Kokain,
ins Gesicht gezogen den Rehlederhut,

wie kann es sein, daß oft so vertraut
oben auf der Wiese schimmern
Rehleder und Knabenkraut,

du weißt,
vor langer Zeit einmal
auf dem Berggipfel, wo mich auf der Station
überkam eine eigenartige Vision,
an jenem Tag, als ich meinen Hut
verloren und das Schulterpolster,

das Wasser verschluckt die Station,
Schienen klirren unter der Flut,
hohe Wellen schlägt der Bergsee,
der Schnellzug beschleunigt,
es trocknet aus der Menschensee,

aufgedreht die Landschaftsheizung,
auf seine einsame Reise begibt sich
der volklose Brief.

Stellen Sie sich vor, Tivadar,
in mich kehrt das Leben nur zum Schlafen ein.

III.

„EINSTEIGEN BITTE!"
„Das ist unser Bahnsteig hier?"
„Na, Alter, wohin soll die Reise gehn? Sieh doch, Elli, der
liegt auf dem Perron und regt sich nicht."
„Hat er sich betrunken?"
„Bist du krank, Alter? Können wir dir helfen? Bist du
verletzt?"
„ACHTUNG, ACHTUNG AN GLEIS ZWEI,
NOCH EINE MINUTE BIS ZUR ABFAHRT DES
ZUGES."
„Wer bist du denn?"
„Ich bin ein großer General."
„Ach so, also das ist dein Leiden."
„Nein, ich bin es wirklich."
„Natürlich."
„Lacht, wie ihr es versteht, ich werde euch nicht strafen."
„Aber wir lachen doch nicht, sei, was du willst, sei Ober
general, wenn du willst."
„Bin ich auch, ich bin Obergeneral."
„Nun siehst du, wie wir das erkannt haben. Aber das kümmert
uns nicht, ..."
(Zwischendurch:)
„Franzi, steig ein, der Zug fährt gleich los!"
„... wir wollten dich nur darauf aufmerksam machen, daß es
in der Nacht stark frieren wird und daß du deshalb von hier
fortgehn sollst."
„Ich kann nicht fortgehn, und ich wüßte auch nicht, wohin
ich gehn sollte."
„Warum kannst du denn nicht gehn?"

„Ich kann nicht gehn, ich weiß nicht warum. Wenn ich gehn
könnte, . . ."
„Was wäre dann?"
„. . . wäre ich ja im gleichen Augenblick wieder General
inmitten meines Heeres."
„Sie haben dich wohl hinausgeworfen?"
„Einen General? Nein, ich bin hinuntergefallen."
„Von wo denn?"
„Vom Himmel."
„Von dort oben?"
„Ja."
„Dort oben ist dein Heer?"
„Nein. Aber ihr fragt zuviel. Geht fort und laßt mich."

IV.

In einem anderen Leben bin ich
ein orangefarbener Stein, ein Karneol.
Verloren geht in einem Ballsaal ein Mädchen,
und seither bin ich nirgendwo.
So bin ich Heizer geworden. Heizer
auf einer libanesischen Lokomotive.
Geerbt hatte ich im Libanon:
eine Riesenzeder.

*

Ein andres Sein,
der Frühling kommt,
vom Baum hat sich
ein Blatt gelöst,

vergesse ich,
vergesse nicht
den Karneol,
          den Karneval,

als von der Bahn,
auf dem Gleis,
dem Schnellzug ein
Mädchen entstieg
und mich verlor,
hernach nie mehr
gefunden hat.

Hernach nie mehr.

V.

„Sagen Sie, haben Sie keine Angst, eines Morgens im Bett
aufzuwachen, verwandelt zu einem ungeheuren Ungeziefer?"
„Nein. Für gewöhnlich wache ich daraufhin auf, daß ich die
Welt erlösen muß."

VI.

Das also geschah zum Karneval.

Geerbt hatte ich im Libanon,
es flammt der Edelstein fatal,
angetrieben wird das Dampfroß
mit Zedernholz allemal.

VII.

Auf dem Bahnhof steht ein kleiner Junge.
Ob es einen Gott gibt, fragen ihn zwei Männer und eine
                                                            Frau.
Das Kind antwortet wie folgt:
Gott ist kein Mensch, um *zu sein* oder *nicht zu sein*.

---

* *Der Maler Csontváry („Wallfahrt zu den Zedern des Libanon") wurde
am 5. Juli 1853 in Kisszeben (Oberungarn) geboren. Kafka dreißig Jahre
später am 3. Juli 1883 in Prag. Vom Beginn des 20. Jahrhunderts an hätten
sich mehrere Orte beziehungsweise Zeitpunkte für eine Begegnung der beiden
nahezu von selbst ergeben. Beide sind sie als Junggesellen gestorben. Teil I und
III dieses Textes enthalten mehr oder weniger frei zitiert Quellen von
Csontváry, eigentlich Mihály Tivadar Kosztka, und Franz Kafka.*

Von der Spiegeleule und dem Urauge mitten auf der Stirn

Wenn das in den Spiegel gebannte Ebenbild der brennenden
                                          Eulen peitscht,
in den zottigen Wassern der Flammen weicht, in den Fluren
des schmelzenden Spiegels, im bullernden
Spiegel
        als spritzte der Sonnenuntergang,
sinkt nieder der Widerschein und pulsiert
an der Wand, rot blinzelt das Messer,
wirft seine weichen Ebenbilder in dich:
Und du spürst, es schrumpfen die Möwen in dir,
in das Auge, sich öffnend auf deiner Stirn, fallen Algen.

NACHBEMERKUNG DES ÜBERSETZERS

In der Literatur ebenso wie in der Musik dient das Zitat der ästhetischen Standortbestimmung, der Sympathiebekundung und nicht zuletzt der Verschlüsselung eigener, lyrischer Aussagen. Den von Kafka übernommenen Ausruf *Lacht, wie ihr es versteht!* habe ich dieser Auswahl von Gedichten als Titel vorangestellt, weil sich in ihm die Verbitterung und stoische Selbstbeherrschung von Minderheiten und Menschen, die überall auf der Welt Anfechtungen und Erniedrigungen ausgesetzt sind, ironisch gebrochen artikuliert. Sie mögen ohnmächtig sein, an den Rand gedrängt, und können dennoch gelassen dem Unausweichlichen zusehen.

Géza Szőcs, geboren 1953 in Marosvásárhely (Neumarkt), lebt heute in Klausenburg, Siebenbürgen, das einst zu Ungarn, heute jedoch zu Rumänien gehört. Dank seiner nicht immer unumstrittenen Rolle im Kampf gegen die rumänische Ceauşescu-Diktatur und im Kampf um die Verteidigung der Minderheitenrechte in den zurückliegenden zwanzig Jahren gehört er zu den bekanntesten Dichtern seiner Generation. An der Universität Kolozsvár (Klausenburg, Cluj-Napoca) erwarb er ein Diplom im Fach Ungarische Sprache und Literatur. Zwischen 1979 und 1980 war er Stipendiat des Herder-Preisträgers András Sütő in Wien. Ab 1981 war er einer der Redakteure der im Untergrund erscheinenden politischen Zeitschrift *Ellenpontok* (Kontrapunkte), der einzigen rumänischen Samisdatzeitschrift. Nachdem ihm 1982 auf Druck der Sicherheitsorgane des Innenministeriums

der Zugang zu den Printmedien verwehrt worden war, war
Szőcs als Ungarischlehrer tätig. Anfang November 1982
wurde er auf offener Straße verhaftet, was danach mit ihm
geschah, ist uns nur zum Teil bekannt. Zweimal konnte er
aus dem Gewahrsam der Politischen Polizei flüchten und
Nachrichten ins Ausland schmuggeln, bis er schließlich
erneut festgenommen wurde. Erst in den letzten Tagen des
Jahres 1982 wurde er aufgrund internationaler Proteste auf
freien Fuß gesetzt, befand sich zu der Zeit allerdings in
einem lebensbedrohlichen Zustand und mußte in ein
Krankenhaus eingeliefert werden.

Bis 1985 lebte Géza Szőcs von Gelegenheitsarbeiten.
Mehrfach wurde ihm nahegelegt, die Sozialistische Republik
Rumänien zu verlassen, doch er lehnte alle Emigrations-
angebote ab. Im Sommer 1983 schrieb er zur Frage seiner
Auswanderung in einem Brief: „Solange mein Hiersein einen
Sinn hat, werde ich in diesem Land bleiben. Davonzulaufen
wäre Egoismus; andererseits auch weiterhin zu bleiben, ob-
wohl für unsereinen nicht einmal mehr auf der Zuschauer-
tribüne Platz ist, ganz zu schweigen vom Spielfeld, mit
einem Wort, wenn uns Hände und Füße gefesselt sind, an-
derswo jedoch zu lösende Aufgaben warten, unter solchen
Bedingungen zu bleiben, käme fast einer Verantwortungs-
losigkeit gleich, einer Verschwendung seiner von Gott
gegebenen Gaben." Der Dichter wurde weiter permanent
schikaniert, was im Laufe des Jahres 1985 auch auf seine
Freunde und seine Familie ausgedehnt wurde. Eine Haus-
suchung löste die nächste ab, seine Telefonleitung wurde
gekappt, anonyme Drohbriefe erreichten ihn. Da es ihm bei
Strafandrohung verboten war, das Stadtgebiet von Klausen-
burg zu verlassen, es ihm aber mehrfach glückte, ungesehen

nach Bukarest und in andere Städte der Umgebung zu gelangen, wurde ab Herbst 1985 praktisch Hausarrest über ihn verhängt. Trotz ständiger polizeilicher Überwachung konnten seine Aktivitäten als einer der oppositionellen Hauptakteure nicht verhindert werden. Als Wortführer in Fragen der Nationalitäten- und Menschenrechte in Rumänien baute er, selbst Angehöriger der ungarischen Minderheit in Rumänien, die Beziehungen zur Opposition der rumänischen Majorität aus und organisierte konzertierte Aktionen dieser zwei Gruppen. Zugleich fand er Mittel und Wege, dem Ausland wichtige Dokumente zugänglich zu machen. Auch einige der vorliegenden Texte passierten unterderhand die Grenzen Siebenbürgens. Andere Manuskripte des Dichters – darunter ein Katalog von Menschenrechtsverletzungen in Rumänien – sowie seine Korrespondenz wurden beschlagnahmt. Trotz aller manipulativen Propaganda wurde die Dichtung Géza Szőcs' von vielen der in Rumänien lebenden Ungarn als Ausdruck auch ihres persönlichen Schicksals verstanden.

1986 begegnete ich Géza Szőcs zum ersten Mal, als er sich von einem ihm aufgezwungenen Schweizer Exil aus in München aufhielt. Aus dieser Zeit stammen erste Übersetzungen vor allem seiner politischen Lyrik ins Deutsche. Oft sind es einzelne Zeilen, deren zeitgeschichtlicher Hintergrund erst ihren eminent politischen Gehalt hervortreten läßt. Auf den Freitod des aus Rumänien stammenden deutschsprachigen Dichters Rolf Bossert reagiert er in *Von den verborgenen Mächten* mit der einfachen Frage: „Wessen Hand mochte auf dem Papier deinen Tod entworfen haben?" Oft vergehen dann Jahre, bis Themen wie

Tod und Vergänglichkeit in allgemeingültigerer Form reflektiert werden und etwa in folgender Form in Gedichten erscheinen:

Wenn der Mensch hinübergeht
in unterirdischen Raum,
liest Gott der Allmächtige
den ihm gereichten Traum.

Ein seltsam Wesen ist der Mensch!
Führt auf seinen Totentanz,
wie eine Tasche wirft er
das Leben weg, vergißt es ganz.

Am deutlichsten tritt bei allem, was zu ihm zu sagen wäre, die Person Géza Szőcs' aus seinen Gedichten selbst hervor. Um die Konturen des Dichters noch deutlicher hervortreten zu lassen, sei abschließend György Petri zu zitieren: „Am ehesten mag er wohl Hans Magnus Enzensberger ähneln. Geistig sensibel, jedoch ohne Kritikaster zu sein, elementar, wenn auch ohne der Naivität zu verfallen. Das freilich sage ich lediglich zur Orientierung für den deutschen Leser, denn schließlich ähnelt er, wie jeder echte Künstler, unverwechselbar sich selbst."

Eine massige Gestalt, ein Epikureer, kommt Géza Szőcs „leichtfüßig" im großen Marinetti-Auto daher: „Sieh hinaus, dort vor dem Tor, abgedeckt mit einer roten Plane, steht das Auto, die Motorhaube geschmückt mit schlangenförmigen dicken Rohren, der Atem eine Eruption, ein heulendes Auto, das saust wie eine Kartätsche und schöner ist als die Figur der Nike von Samothrake, die als Lenkrad gedachte Stange umspannt den Planeten, auf der irdischen Bahn in rasantem Galopp seine Kreise ziehend. In diesem Auto werde ich mit dir auf Reisen gehen." Und auf Reisen befindet sich Géza Szőcs mittlerweile ständig, sei es wie immer schon im Reich der Phantasie oder heute vor allem zwischen Klausenburg und Budapest, wo ihm die verschiedensten Aktivitäten – und stets auch die Literatur – keine Ruhe gönnen.

Hans-Henning Paetzke, Budapest im Sommer 1999